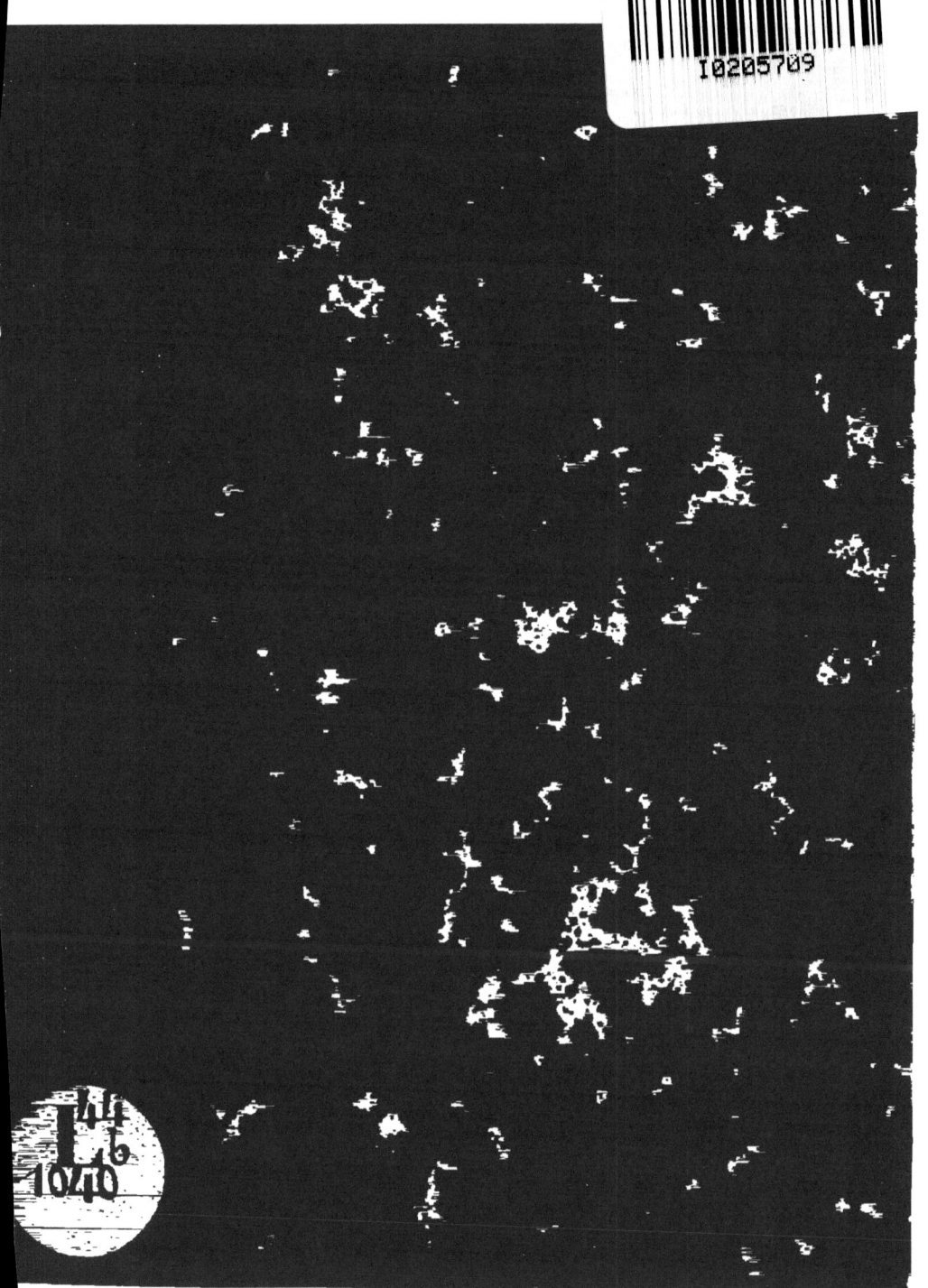

LB 44
1040

RAPPORT
CONTRASTÉ,

SUR LES FAITS

RELATIFS A LA CONDUITE

DE M. L'ADJOINT DE MAIRE

De la Commune de S. Germain-Vieux-Corbeil,

ET CELLE

DE M. LE DESSERVANT,

A l'occasion de la Fête de l'Assomption,
15 Août 1807.

A CORBEIL;

De l'Imprimerie de CHRIST.-JEAN GELÉ,

Imprimeur des Autorités.

AVIS DE L'ÉDITEUR.

CE n'est point un monument d'éloquence, que M. *Borel*, Desservant, prétendit consacrer en l'honneur de notre auguste Empereur, en prononçant son *Discours*. Eut-il le talent des Orateurs qui brillent dans la Capitale, il n'ignore pas que le devoir d'un Pasteur, haranguant un peuple de campagne, lui fait la loi de revêtir ses idées et son enthousiasme d'une expression simple et familière. Des circonstances particulières et la fidélité d'un Rapport, nous interdisent même tout changement et toute correction, dont pourrait être susceptible un *Discours* improvisé (1).

Ce n'est point non plus, d'une autre part, récrimination, ni invective contre un adversaire ; c'est une narration pure et simple de faits publics, que M. *Borel* aurait voulu

---

(1) Nous profitons de cette circonstance, pour dérober à la modestie de l'Auteur un *Discours*, qui nous paraît digne de son sujet.

ensevelir dans l'oubli, si, par une fausse et impudente accusation, M. l'Adjoint ne l'avait forcé, pour se justifier aux yeux de tout le monde, de leur donner une solemnelle publication.

Mais le but principal du Pasteur, dans la publication des pièces suivantes, est de réparer les désordres causés dans sa Paroisse par M. l'Adjoint ; de détromper ceux qu'il a séduits par ses invectives et ses calomnies ; de ramener ceux dont il s'est efforcé de lui enlever l'estime et la confiance.

Ne trouvant d'autre moyen plus prompt et plus efficace pour opérer ces salutaires effets, nécessaires au but de son ministère, que celui de l'impression, il a jugé dans sa sagesse qu'il était nécessaire de prévenir le jugement de l'Autorité compétente, et détruire les préventions injustes, insidieusement suggérées à ses Paroissiens.

DISCOURS

PRONONCÉ PAR M. *BOREL*,

Desservant de S. Germain-Vieux-Corbeil,

Le jour de la Fête de l'Assomption.

Spiritus Domini ductor ejus fuit : sic adduxisti populum tuum, ut faceres tibi nomen gloriae.

Il fut conduit par l'Esprit du Seigneur : vous avez si bien conduit votre peuple, que vous vous êtes acquis un nom plein de gloire. *Isaïe*, ch. 63, v. 14.

MES FRÈRES,

L'Epoque que nous célébrons en ce jour, présente à l'esprit trop d'objets à la fois, pour les retracer tous d'une manière suffisante. Ce n'est pas seulement le triomphe et la gloire de Marie, Mère de Jesus-Christ notre Sauveur, que nous célébrons aujourd'hui; c'est encore le rétablissement du Culte de notre sainte Religion en France, et les miracles de miséricorde, qui l'ont opéré. Nous aurions aussi à vous parler du glorieux martyre de S. Napoléon, Patron du Prince extraordinaire qui nous gouverne, que la

Providence a suscité pour étonner l'Univers par la réunion de tant de talens, si supérieurs aux règles de la sagesse humaine, que toutes les mesures de la politique de ses contemporains ont échoué dans la profondeur de ses nouvelles combinaisons.

Frappé de tant de traits de ressemblance entre les Héros, dont Dieu s'est servi pour conduire son peuple, et NAPOLÉON notre Empereur, dans la conduite des Français, j'ai cru pouvoir lui appliquer les paroles du Prophète : *Spiritus Domini ductor ejus fuit.* Je découvre dans sa marche des plans si vastes, conçus avec tant de profondeur, concertés avec tant de sagesse, exécutés avec tant de promptitude et de précision, qu'il ne laisse à ceux qui s'opposent au but de ses opérations, que le sentiment de la faiblesse de leurs moyens, et celui de l'étonnement et de l'admiration pour leur Vainqueur. Et ne dirait-on pas, MES FRÈRES, en le voyant saisir d'un coup-d'œil les rapports des effets à leurs causes les plus éloignés ; embrasser tous les détails, tous les ressorts d'un ouvrage si compliqué, de l'édifice d'un vaste Empire et ses divers rapports avec toutes les parties de la Terre : politique, législation, armées, commerce, navigation, finances, administration, sciences, arts, religion, culte, morale, connaissance des hommes ; peser, par un regard, leur capacité, leur force, démêler leur caractère, prévoir leurs actions, contrebalancer les contrastes, et maintenir l'équilibre au milieu de tant d'agitations, de forces et d'intérêts contraires! Ne croirait-on pas, dis-je, que ce qui n'est, dans le commun des hommes, que le fruit de la réflexion, du raisonnement et d'une pénible étude, n'est dans lui qu'une simple intuition ! Ajoutez, à tant de lumières, l'amour de l'ordre, de la paix, du genre-humain, de la gloire de Dieu, de sa religion et de son culte ; et dites-moi, si ce n'est pas avec raison que nous pouvons dire de lui : *Spiritus Domini ductor ejus fuit ?*

Aussi, MES FRÈRES, voyons-nous s'accomplir en lui le reste des paroles de mon texte : *Sic adduxisti populum tuum, ut faceres tibi nomen gloriæ.* Parcourez toute la Terre, et montrez-moi un peuple, chez lequel n'ait pas pénétré le nom de NAPOLÉON BONAPARTE ; où il ne soit respecté ou craint, et par-tout admiré ! Sans doute l'Histoire renferme des noms illustres et glorieux, et la France se glorifie d'en pouvoir compter un grand nombre ; mais nous pouvons dire hardiment, que, parmi toutes les Nations, aucun, dans l'ordre naturel, ne peut lui être égalé.

Eh-bien ! MES FRÈRES, cet Homme tout couvert de gloire, auquel toutes les Puissances de l'Europe rendent hommage, et qui balance dans ses mains les destinées du monde : cet Homme se prosterne lui-même humblement au pied de l'Autel de Marie; et, à l'exemple de nos anciens Monarques, lui consacre sa Personne et son Empire : il lui fait hommage de ses triomphes et de sa gloire; et il veut que son peuple, plein de reconnaissance, imitant sa piété, remercie Marie, comme patrone et protectrice des Français, des prodiges qui nous ont délivrés de la tyrannie impie de nos ennemis.

Pour vous pénétrer d'amour et de reconnaissance pour le Ministre des miséricordes de Dieu, je me vois obligé de vous transporter dans le passé, en comparant notre bonheur présent aux calamités dont NAPOLÉON nous a délivrés. Rappelez-vous donc ces tems de trouble, d'anarchie, de désordre, de crimes, de carnage, d'horreurs de toute espèce :

espèce : ces tems , où , semblables aux Israélites, vous versiez des larmes à la vue de nos Autels renversés, de nos Temples profanés, démolis ou fermés ; où les Ministres de notre culte sacré, livrés au mépris, à l'opprobre, à la fureur frénétique des méchans, vous furent enlevés, exilés, incarcérés, immolés ; où les Oracles divins, la Religion, le Culte, dévoués à la licence d'une orgueilleuse raison et à la frénésie des passions, n'osaient ni se montrer, ni se faire entendre ; où les augustes cérémonies, ces chants ravissans, ces fêtes, ces solemnités, qui faisaient la gloire de la Nation, étaient remplacés par des cris de fureur et de sang, par les folies du paganisme, ou par le morne silence de l'athéisme, ou par le culte absurde de la raison.

A la vue de tant de désordres et d'abominations, on vous entendait exprimer la douleur des regrets ; vous vous appliquiez les lamentations, les prédictions des Prophètes : Qu'est devenue , disiez-vous avec eux, la beauté de cette Fille du ciel, enfantée sur la terre pour faire le bonheur de ses habitans par la beauté de ses attraits ? Qu'est devenue cette Mère pleine de tendresse, qui veillait sur nous avec tant de vigilance, depuis le berceau jusqu'au tombeau et audela ? Que sont devenus ces Pères du peuple, ces consolateurs de l'infortuné et des malades, ces protecteurs de l'opprimé, ces défenseurs de la veuve et de l'orphelin, ces ministres de paix et de bienfaisance, ces modérateurs du vice et du libertinage ?

Qui imprimera, ajoutiez-vous, le signe du salut sur le front de nos enfans ? Qui écrira leurs noms sur le livre de vie ? Qui infusera dans leur ame cette heureuse semence de la vérité, qui corrige le vice des penchans et enfante la vertu ? Qui résoudra nos doutes, dissipera nos incertitudes ? Qui fixera nos opinions et nos sentimens ? Serons-nous éternellement le jouet des fantômes de notre imagination, des illusions de notre cœur, des écarts de notre esprit, des erreurs, des folies, des systèmes de tant d'esprits délirans ? Qui nous consolera à l'heure du trépas ? Qui nous arrachera au désespoir à ce moment fatal, où la figure du monde, disparaissant à nos yeux, ne nous laissera plus entrevoir que la profondeur et les horreurs de l'éternité ?

Que vois-je tout-a-coup !.... Quel changement imprévu ! .... Le Ciel irrité s'appaise !.... L'Univers s'agite, se tourmente pour arrêter, ce semble, les progrès d'une secte infernale et bouleversatrice ! Vains efforts ! Ce n'est pas par la force des armes que Dieu a établi l'empire de la Religion : ce n'est pas non plus par elle qu'il veut rétablir son ouvrage..... La voix du Tout-Puissant retentit une seconde fois sur les bords du Nil...... L'Egypte n'est pas digne de posséder le Ministre de sa Providence : elle méconnaît le bienfait de sa visite ; elle ne profite pas des jours de salut : son trésor lui sera enlevé. Sa patrie le réclame ; ses malheurs l'attendrissent : il part. La Méditérannée n'ouvre pas son sein, comme la Mer rouge l'ouvrit et forma dans ses abîmes un passage à la voix du Législateur des Hébreux ; mais elle aplanit ses vagues, et respectant les ordres du Maître des vents, elle vient, à travers les flottes ennemies, déposer sain et sauf, sur les côtes de *Fréjus*, le Libérateur de la France : *Ego Dominus vocavi te in justitiâ, et apprehendi manum tuam, et servavi te.* (Isaïe, ch. 42, v. 3). Il arrive :.... une révolution soudaine et inattendue s'opère...... La Providence, cachée sous le voile et le concours des causes secondes, dissipe les nuages et les ténèbres, qui couvraient et empestaient l'horison de la France. Le nom seul de BONAPARTE (1) fait briller un jour serein, calme nos allarmes, fait passer dans nos cœurs la douceur de l'espérance ; la persécution se ralentit ; les Ministres de la Religion sortent de leurs tombeaux, sont rappelés de leur exil : l'Eglise commence à respirer ; ses enfans se rallient autour d'elle ; les Temples s'ouvrent, les Autels sont relevés, la Croix est arborée ; le Concordat dissipe nos craintes, et termine nos malheurs en terminant nos dissensions : *Spiritus Domini ductor ejus fuit.*

Graces éternelles vous soient donc rendues, ô Dieu de miséricorde ! Et vous, immortel NAPOLÉON ! nous déposons au pied de cet

---

(1) J'étais alors réfugié aux pieds des Alpes. Le son des cloches *mutifiées* par l'athéisme, salue celui qui doit les rendre à leur primitive destination : le sentiment de religion qu'il réveille dans tous les cœurs, unit les esprits divisés ; la joie générale étouffe les passions, et tous deviennent frères. Heureux souvenir ! Le tressaillement que j'éprouvai fut le prélude de ma liberté.

Autel le tribut d'amour, d'admiration et de reconnaissance que nous vous devons : votre génie m'étonne, et votre piété m'attendrit.

Oui, MES FRÈRES, la piété relève la grandeur et la gloire des Héros : s'il a paru grand à la tête des armées, il l'est plus encore prosterné au pied de l'autel : *Piè agentibus dedit sapientiam.* (Eccli., c. 43, v. 37). Il a reconnu et senti une céleste influence : étonné lui-même, mais non ébloui de son triomphe et de sa gloire, il a compris comme *Titus* au siége de Jérusalem, en calculant les chances des choses humaines, qu'il était éclairé, protégé, dirigé par un génie surnaturel ; qu'il n'était, entre les mains de Dieu, que l'instrument de sa justice envers les uns, et de sa miséricorde envers les autres..... Né dans le sein, élevé dans les principes de la Religion Catholique ; ni la fougue de la jeunesse et des passions, ni le tumulte et l'embarras des combats et des affaires, ni l'éclat de sa gloire et la pompe de sa cour, ni les suggestions des impies, n'ont pu étouffer le germe sacré, que la Religion avait déposé dans son cœur......
Génie supérieur, connaissant les rapports

qui existent entre le ciel et la terre, il a compris qu'il devait y avoir un commerce de culte et de protection entre les Esprits de la région céleste et les Ames du séjour terrestre..... Catholique éclairé ! En parcourant l'Histoire de la Religion et de l'Eglise : en envisageant, avec son regard vaste et rapide, la succession non interrompue de tant d'hommes illustres, savans, sages et saints, qui l'ont défendue et pratiquée..... Frapé de tous les caractères qui la distinguent évidemment de l'erreur et de la superstition; sa raison profonde a fixé invariablement son choix : choix ! qui sera pour les peuples l'Etoile sortie d'Orient ; choix ! qui doit avoir, pour les Incrédules, les effets des miracles parmi les Payens : et pour justifier sa piété dans ce jour solemnel, je dis qu'en voyant tant de monumens en France, qui nous attestent d'une manière si visible la protection de Marie, qui, comme un ange tutélaire, veille sur la destinée de cet Empire, il n'a pu s'empêcher de voir dans le dénouement de tant d'événemens et de catastrophes de notre révolution, des preuves de sa prédilection pour la France : *Spiritus Domini ductor ejus fuit.*

Que les Conquérans ordinaires, éblouis par l'éclat de leurs triomphes, ne voient, dans la destruction des Empires et l'élévation de leur Trône, que le fruit de leur politique, de leurs talens, et de la force de leurs armes; et que, s'arrogeant les honneurs divins, ils s'asseient sur leur trône comme on place une idole sur l'autel : ils ne laisseront à la postérité qu'un monument de vanité et d'impie stupidité. « Celui qui n'a pas la science de » Dieu est vain », dit le Sage. Il n'en sera pas ainsi du Héros qui nous gouverne : il sait que tout don vient de Dieu, et il veut que la gloire lui en soit rapportée : il veut donner à l'Univers étonné un témoignage éclatant de sa pieuse reconnaissance. En associant la gloire des Français au triomphe de Marie et de S. Napoléon par une et même solemnité, à laquelle le souverain Pontife a apposé le sceau et l'autorité de l'Eglise, il consacre à jamais une sainte alliance entre l'Empire et le Sacerdoce, qui perpétuera et illustrera, dans les fastes de l'Eglise, sa mémoire jusqu'à la fin des siècles : *Sic adduxisti populum tuum, ut faceres tibi nomen gloriæ.*

Misérables apostats! couvrez-vous la face, et soyez à jamais confondus par un exemple aussi éclatant. Pour justifier votre défection, oserez-vous suspecter les sentimens religieux de notre Monarque (1)? Eh-bien! répondez-moi. Il est écrit dans les Livres des Evangiles, (c'est Jesus-Christ qui parle) : « Les portes » de l'enfer ne prévaudront jamais contre » mon Eglise ». Partez delà. (Grand Empereur! pardonnez à mon zèle pour votre gloire, si je me prête à des doutes impies). Ou les œuvres de notre Monarque sont l'expression de ses sentimens, ou seulement d'une sage politique : si elles sont l'expression de ses sentimens, quel exemple pour vous! Quel argument contre votre impiété! Si elles ne sont que l'expression de la politique, reconnaissez donc la divinité de la Religion, puisque, dans cette sacrilége hypothèse, Jesus-Christ se servirait du bras même des impies pour l'établir, en les forçant d'accomplir ses promesses contre et malgré leurs opinions contraires.

Ah! du moins, si vous vous obstinez à fermer les yeux à la lumière, reconnaissez

---

(1) Le sentiment actif de l'immortalité est essentiellement religieux, et une ame noble et sublime dédaigne la feinte.

vos propres intérêts dans la sagesse de ses desseins réparateurs. Quelles ont été la source et la cause de nos malheurs ? Notre Empereur le sait : c'est la vanité, c'est le libertinage, c'est l'incrédulité. Depuis longtems ces trois vices nationaux faisaient de funestes ravages parmi nous : toutes les classes de citoyens en étaient infectées. Un petit nombre de Fidèles gémissait dans la consternation à la vue de la terrible explosion de tant de calamités qui marchaient à leur suite. Le moment fatal est arrivé.... Je ne vous retracerai pas ici ces scènes d'horreurs dont nous avons été les témoins et les victimes. Puissions-nous les oublier et les effacer de notre propre sang des fastes de l'Histoire ! Je ne vous parlerai que de nos maux actuels. (Pardonnez, Prince bienfaisant ! si je parle de maux sous votre règne : vous avez fait ; pour en tarir la source, tout ce qu'un mortel peut faire ; vous avez même, il me semble, franchi les bornes du possible à la puissance humaine. S'il reste encore de maux, nous ne les imputons qu'à l'indocilité de vos sujets). Ehbien ! Parcourez, MES FRÈRES, toute la France.... Quel abominable tableau présente à nos yeux effrayés le spectacle de nos mœurs ! Semblable à un volcan, qui, après avoir épouvanté les oiseaux du ciel par ses flâmes courroucées, couvre une terre jadis fertile d'une lave brulante et aride : ainsi la révolution, après avoir étouffé le germe des vertus, qui faisaient des Français le peuple le plus poli et le plus aimable, ne laisse plus appercevoir que les vices d'une nation corrompue.

Jettez un coup-d'œil sur tous les âges, sur tous les sexes, sur tous les rangs, sur tous les états. Ah ! sans doute mon tableau reconnaît des exceptions. Eh ! où en serions-nous, si une précieuse minorité ne servait de digue au torrent de la corruption générale ? Pardonnez à mon zèle, et ayez le courage de le supporter : c'est avec larmes que je vous dis ces tristes vérités. Ecoutez et suivez la jeunesse : quel langage ! quelle corruption ! quelle débauche ! quelle crapule ! Plus de religion, plus de frein..... Jettez un coup-d'œil sur le sexe : l'oserez-vous ? Plus de pudeur, plus de modestie, plus de décence..... Frappez la porte des riches : orgueil, dédain, mépris, ostentation ; plus d'humanité, plus de charité..... Examinez les pauvres : envie, murmures, duplicité, vols, brigandage; plus de patience, plus de résignation..... Voyez les pères, voyez les mères : quels scandales ! Plus de leçons, plus de morale, plus de retenue..... Les enfans : plus de respect, plus d'amour, plus de reconnaissance.... Les amis : y en a-t-il encore ? Et peut-il y en avoir de vrais, de solides, si l'amour de Dieu ne resserre pas les liens de la nature ?.... Les familles: y a-t-il de sentiment et d'union entre elles ?... Le négoce : que sont devenus la bonne-foi et le crédit ?.... Le philosophe : quel est son Dieu ? quel est son culte ? ..... Et le chrétien reconnaît-il d'Evangile ? Je n'ai pas le courage de finir cet abominable tableau.

A tant de maux quel remède ! Notre sage Empereur l'a senti : *Spiritus Domini ductor ejus fuit.* La Religion, oui, la Religion; voilà le seul remède aux maux de l'espèce humaine : sans elle nulle société ne peut subsister. Il est inutile d'insister sur une vérité gravée dans tous les cœurs, généralement sentie, avouée même par les impies, fondée sur l'expérience de tous les siècles, consacrée par le code de tous les Législateurs, adoptée et suivie par les plus grands génies de la Terre ; et, sans entrer dans de longues discussions, je conclus ici la vérité de la chose par sa nécessité. Quel étrange système, que celui où, après avoir été forcé par l'évidence de reconnaître une Intelligence Suprême dans l'harmonie des corps, s'obstinerait à bannir de la Terre le seul lien, qui puisse former sur la terre une heureuse harmonie entre les esprits ! Revenez donc de votre erreur, hommes séduits, et abandonnez un système qui ferait de la terre un repaire de bêtes furieuses, qui, se précipitant sans cesse les unes sur les autres, finiraient par s'entredétruire, et par faire, de ce malheureux globe, une vaste solitude.

O France ! ô ma Patrie ! cesse d'être aveugle et ingrate : reconnais, dans les événemens qui se sont précipités devant tes yeux, une Providence tutélaire, qui veille d'une manière si sensible sur tes destinées. Tu as comblé la mesure des crimes ; tu as mérité, plus que tant d'autres peuples, les châtimens et l'abandon de ton Dieu. Oubliant tes longues prévarications, il t'offre encore le bonheur. Imitant le peuple hébreu au pied de la montagne de Sinaï, accepte au pied du trône des mains de NAPOLÉON, comme d'un second Moïse, les Tables de la nouvelle Loi ; rentre dans l'arche de la nouvelle alliance, qu'il a reconstruite ; respecte les temples qu'il t'a rouverts et embellis. Sois Chrétienne, et tu seras le plus heureux et le plus glorieux des peuples. Oui, le bonheur des peuples et la gloire des temples vont de pair. Parcourez les annales des Nations, et vous y découvrirez cette importante vérité. Le Héros de la France, à qui nulle pensée vaste et sublime n'échape, ne l'a pas oubliée au milieu des armées et des combats ; et ce n'est pas sans raison que, des rives des Fleuves polaires, il convoquait ses peuples aux pieds des autels.

Magistrats ! Soldats Français ! et Vous tous ! qui, par vos dignités et vos places, êtes les instrumens de son autorité suprême, n'oubliez pas vos devoirs. C'est à vous à seconder ses desseins religieux ; la gloire ou l'opprobre vous attendent. Si, par des prévarications ou par des mauvais exemples, vous arrêtiez le grand œuvre de la régénération des mœurs, vous seriez des parjures, qui trahiriez et la gloire du Prince et le bonheur de la Nation. Vous devez savoir que l'une et l'autre dépendent de l'harmonie qui doit régner entre la volonté sage et éclairée du Prince et la fidélité de ses Ministres. Si nous voulons donc avoir part à sa gloire, il faut que le Magistrat et le Prêtre fassent entre eux une sainte alliance, à l'imitation de celle que le Monarque a faite avec le souverain Pontife. Et vous alors, Peuple, en voyant le Prêtre et le Magistrat concourir à votre bonheur, vous respecterez en eux l'autorité divine, dont ils sont les ministres. Et après avoir donné sur la terre le spectacle des vertus et de la paix chrétiennes, nous jouirons de la gloire céleste que la Religion nous promet. Rallions-nous donc tous aujourd'hui sous ses étendarts; faisons retentir les airs de ses hymnes sacrés; réparons par notre piété nos scandales passés; et faisons de ce jour, de triple solomnité, l'époque et le commencement d'une nouvelle vie, qui nous conduise à la vie éternelle.

Ainsi soit-il.

RAPPORT

SUR LA CONDUITE DU S.ᴿ *ROUX*,

Se disant *De la Potonnière*,

ADJOINT DU MAIRE DE SAINT-GERMAIN,

A l'occasion de la Fête de l'Assomption, 15 *Août* 1807;

AVEC LA SUITE DE SES PROCÉDÉS Envers M. *BOREL*, Desservant.

Observation de l'Editeur.

Les sentimens religieux de M. *Borel*, ne nous permettant de faire, sur la personne du sieur *Roux*, aucun détail, et aucune réflexion, qui pourraient lui paraître blesser la charité chrétienne, nous bannirons de notre Rapport tout ce qui peut être étranger à sa justification, et à l'outrage fait à son ministère.

LE même jour, jour de Fête solemnelle et nationale, jour de paix et d'allégresse générale, jour de la publication de la Paix, M. *Borel*, sur le point de monter en chaire, pour prononcer le *Discours* précédent, le sieur *Roux*, après avoir médité ses projets perturbateurs, étant entouré de la force de tout ce qu'il y a d'hommes et d'enfans dans les trois Communes composant sa Paroisse, auxquels il avait enjoint de se rendre en armes à l'Eglise Paroissiale, sous peine de prison et d'une amende, M. *Borel* est informé par son Bedeau qu'il a reçu ordre de l'Adjoint d'apposer deux affiches à la chaire évangélique, sous peine de quinze jours de prison en cas de refus. Celui-ci s'y étant refusé, le sieur *Roux* persiste, et donne de nouveaux ordres au premier Chantre de l'Eglise ; ce dernier s'y refuse encore. Le sieur *Roux* irrité de son refus : « Eh-bien ! » dit-il avec un transport de colère, j'irai » moi-même les y afficher ». Le Maire accompagné d'un Membre du Conseil de la Commune interviennent, et lui disent qu'il n'a pas ce droit ; qu'il est indécent et injurieux de mettre de pareilles affiches à la chaire. Au-lieu de céder à cette sage observation, il s'aigrit : il descend à Corbeil pour requérir la Gendarmerie ; pourquoi ? Pour

s'en

s'en servir contre les Lois de la Police, lui qui était chargé de les faire exécuter ; aussi sa demande lui est-elle sagement refusée. Arrêté dans son projet, il se contente de les faire mettre à la porte de l'Eglise. Pendant ces entrefaites, le Pasteur était à la Sacristie, se revêtant des habits sacerdotaux.

De tels préliminaires, (le peuple étant dans l'attente, la circonstance du jour, l'heure assignée étant écoulée, le Clergé habillé, le Ministre pressé de commencer l'Office), toutes ces circonstances réunies semblaient annoncer des Décrets de la plus haute importance. Le public en jugera par la lecture des deux copies ci-jointes.

Enfin les Fidèles assemblés dans l'Eglise témoignant leur impatience, le Pasteur commence l'Office. Demi-heure environ après, la Garde, c'est-à-dire tous les hommes et enfans armés suivis par les Maires de Saint-Germain et de Perray (1), le sieur

---

(1) Celui-ci l'année dernière s'était mis à la tête d'une cabale pour venger la destitution de son prédécesseur. Ses moyens furent si absurdes et si ridicules, qu'on se contenta de les punir par le mépris. Un nouveau champion plus hardi, et plus instruit dans l'art de la *petite guerre*, s'est lancé sur la scène, et se flatte de venger *les bons frères et amis*.... Aura-t-il un succès plus brillant ?

Roux au milieu, entrent précédés de deux Tambours ; le Sanctuaire est forcé ; trois Drapeaux sont placés au pied et en face de l'Autel ; les roulemens accompagnés d'un bruit confus se prolongent ; la voix des Chantres est absorbée ; l'Office cesse ; la Municipalité se place dans son banc. Le sieur *Roux* y fait assoir un homme (*Vélard*) flétri par un Jugement du Tribunal Correctionnel de Corbeil, pour avoir insulté le Pasteur dans ses fonctions.

On reprend l'Office ; le Pasteur monte en chaire ; l'attention des deux Maires est détournée par ledit *Roux*, qui présente tantôt à l'un, tantôt aux autres, je ne sais quels papiers : le banc de la Municipalité devient un théâtre de délibération, dont le Maire de Saint-Germain tempère l'agitation. On entend jusqu'à des coups de caisse ; le Pasteur intrépide fait effort, redouble la voix ; et, malgré tant d'objets de distractions, termine son *Discours* au grand étonnement et à la satisfaction de l'auditoire et à la confusion de ses ennemis.

La Messe commence ; le Pasteur absorbé dans la profondeur des mystères qu'il va célébrer, ne voit plus rien, n'entend plus rien. Les assistans vont nous fournir les détails suivans. Nous nous bornerons pour le moment à celui qui a servi de sujet d'accusation contre le Pasteur.

Le pain bénit, sur la distribution duquel le sieur *Roux* a fait le réglement ci-après, est d'abord distribué au Clergé, ensuite aux deux Maires et à l'Adjoint.... O scandale ! ô contradiction ! L'Adjoint viole lui-même son arrêté : un homme flétri par un Jugement Correctionnel partage à son côté les honneurs de la Municipalité ; et pour comble d'abomination et d'impudence, après avoir violé l'arrêté qu'il a fait et qu'il vient d'afficher, il n'y a qu'un instant, il accuse le Ministre à l'Autel, qui n'en est ni le témoin ni le garant, d'avoir violé les Décrets Impériaux sur les préséances. Ici les intentions, les projets, le but du sieur *Roux* se dévoilent : la passion est trop marquée.

Irrité de les voir déjoués par la patience, par la modération et la prudence du Pasteur, il forme un autre projet : *Il faut l'accuser,* se dit-il en lui-même ; mais de quoi l'accuser ? Une haine jalouse et fanatique le transporte et l'aveugle : il dresse en secret un procès-verbal : il le fait signer par des faux témoins, surprend au Maire le sceau de la Municipalité, l'y appose, l'envoit à M. le Sous-Préfet de Corbeil, croyant parlà surprendre la religion du Magistrat supérieur (1).

Jusqu'ici M. *Borel* avait gardé un profond silence sur les outrages et les menées du sieur *Roux*. Quel dût être son étonnement, lorsqu'il reçut la Lettre de M. le Sous-Préfet, en date du 19 Septembre dernier, qui lui fait part des principaux chefs d'accusation contre lui!.... Il l'accuse 1.° *d'avoir violé les Décrets Impériaux sur les préséances*, en disant que le pain bénit a été distribué par ses ordres à d'autres, à des étrangers, avant d'avoir été offert à la Municipalité: 2.° *de s'être opposé aux affiches de l'Autorité locale.*

M. *Borel* répond au premier chef, *que cette cérémonie ne le regarde pas; que c'est aux Marguillers à faire cette distribution, ou à la faire faire par le Bedeau; qu'il n'a donné aucun ordre relatif à cette distribution; et il défie le sieur* Roux *de produire*

---

(1) M. *Roux*, vous prenez donc le règne de NAPOLÉON pour le règne des comités révolutionnaires?...

ou de prouver de tels ordres ; il fait plus : *il avance comme un fait public, dont il offre la preuve, que jamais le pain bénit n'a été offert dans son Eglise, à qui que ce soit, avant d'avoir été offert au Clergé et à la Municipalité.*

M. *Borel* répond au second chef d'accusation, *que jamais il ne s'est opposé à aucune affiche ; que celles sur lesquelles porte l'accusation, ont été posées à la porte de l'Eglise sans opposition, sans résistance ; lui Prêtre étant, au moment qu'on les mettait, à la Sacristie se revêtant des habits sacerdotaux ; qu'elles sont restées affichées jusqu'à ce que lui-même, environ un mois et demie après, les ait ôtées.*

Cette réponse a été remise par le répondant en mains propres à M. le Sous-Préfet ; il en a fait lecture en sa présence.

Quelques jours se passent dans le silence. M. *Borel* était impatient de se purger de ces accusations, quoique évidemment fausses, parce qu'il entendait dire que le sieur *Roux* se vantait partout *qu'il le ferait en aller de ce pays.*

Quelques jours après, M. *Borel* est informé de sa fureur et de ses menaces contre lui et contre d'autres ; qu'il parcourt les trois Communes de sa Paroisse, disant partout qu'il l'avait dénoncé, jurant et le calomniant ; qu'il entrait dans toutes les Maisons avec un papier en main ; demandant aux habitans : « Est-ce vrai que j'ai battu » quelqu'un dans l'Eglise, que j'y aie mis » bas les o...(1) »? Alors il leur présentait son papier, et les faisait signer les uns sans lecture préalable ; à d'autres il déguisait le contenu ; animant, irritant la Paroisse contre leur Pasteur (2).

---

(1) Quelle indécence ! quelle immoralité, que celle qui réduit tous les genres de scandales dans l'Eglise et dans une telle circonstance, à cet acte de violence et à ce trait cynique ! Mais quelle subtilité ! Il les interroge sur ce dont il n'est pas accusé, pour leur faire attester je ne sais quoi....

(2) Il eut été facile à M. *Borel* de détromper ceux que le sieur *Roux* avait séduits et de le convaincre d'imposture, en leur montrant la Lettre de M. le Sous-Préfet ; mais dédaignant de marcher sur les traces de son adversaire, il évite jusqu'à l'apparence de l'intrigue ; il se montre au grand jour ; il se rend garant de la vérité des faits qu'il publie hardiment, assuré de venger ses Paroissiens de l'injure qu'il leur fait, en les supposant capables de se réunir et de se concerter pour soutenir le mensonge et la fausseté.

COPIE DES DEUX AFFICHES.

Extrait de la Circulaire de M. le Préfet, du 7 Vendémiaire an 9, aux Maires et Adjoints.

Messieurs,

Les bons effets de l'entière liberté sus l'exercice du Culte se font appercevoir d'une manière sensible ; en maintenant cette liberté, surveillez les Ministres ; et si quelqu'un d'entr'eux, sous le voile de la morale paisible qu'il est tenu de prêcher, tâche d'insinuer le poison de ses propres passions, arrêtez de bonne heure ce dangereux abus en en donnant avis à l'Administration, et en interdisant à ce ministère perturbateur l'entrée de l'édifice destiné au Culte.

Signé GARNIER.

Pour copie conforme, De la Potonnière.

Arrêtons que le pain bénit ou part d'honneur ne sera distribué qu'au Clergé, aux Autoritées constituées, à la personne qui a offert le pain bénit, et les deux Quêteuses. Fait à la Mairie de Saint-Germain, 15 Août 1807.

De la Potonnière.

NOTA.

Nous laissons au Lecteur le soin de faire les inductions, de tirer les conséquences : Il eut été plus glorieux pour vous, M. *de la Potonnière*, si, au-lieu de borner votre ambition et votre plaisir à faire la guerre à un *pauvre* Prêtre, vous aviez *pu* ne pas refuser à aller partager la gloire de nos braves. Le Pasteur a rempli son devoir : il a fait ce qu'il a pu pour venger la sainteté de la Religion, l'honneur de son ministère et la gloire de son Prince.

www.ingramcontent.com/pod-product-compliance
Lightning Source LLC
Chambersburg PA
CBHW060526050426
42451CB00009B/1185